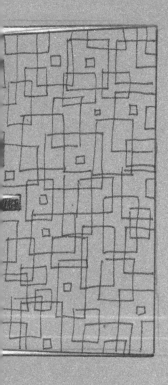

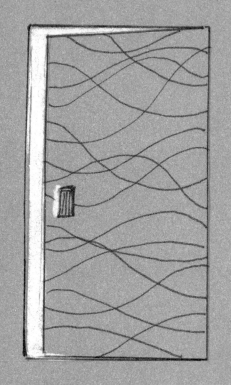

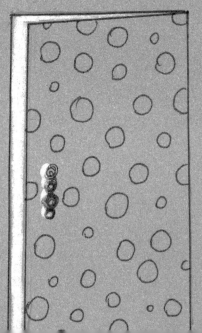

你的話，傷到我了！

黃光文——作者

狗 竹——繪者

如果有機會遇到10年前的自己，

只能對他說一句話，你會說什麼？

或許可以試著告訴過去的自己：

請不要優先選擇誠實。

有時，我們自認為的誠實，
很可能反而會帶來誠實的傷害。

要怎麼確信自己看到的真實，
就是全部的真實。

有些底線，不能踩。
如何判斷，需要智慧。

優先選擇 **良善**，
或許會讓人覺得無趣。

但無趣的良善，
比自認有趣的傷害要好得多。

你希望討人喜歡嗎？

其實比起討人喜歡，

或許，更需要追求的是**讓人尊重**。

喜歡是一種感覺，

容易隨著情境與時空改變。

尊重則來自於自身價值，

短時間內不會改變。

有首歌唱道：

撞到人要記得說對不起。

身體的碰撞看得到，
但言語或行為上的碰撞，
常常比身體的碰撞更傷人。

14

也期待你可以**學會放棄**。

不是小孩才做選擇，大人更應該做選擇。

因為大多時候不可能既要又還要。

為什麼人的一生這麼短？

因為這樣人們才能學會珍惜，

懂得 **選擇重要但不緊急的事**。

例如：運動和閱讀。

才能只是催化劑，

這世上不存在不用努力的天才。

或許，

你很怕讓別人發現，

即使已經很努力了呀！

結果仍然不盡如人意，

覺得這樣的自己，

很遜、很可笑。

但是，每一次努力，
即使最後失敗了，
背影仍然動人。

只有門外漢才會相信，
世上充斥著不用努力的天才。

所謂的 **才能**，

其實只是 **努力到滿溢** 出來的結果。

也請記得，

每半年一定要問自己：

這是我想要的生活嗎？

這是拚了那麼多年，想過的生活嗎？

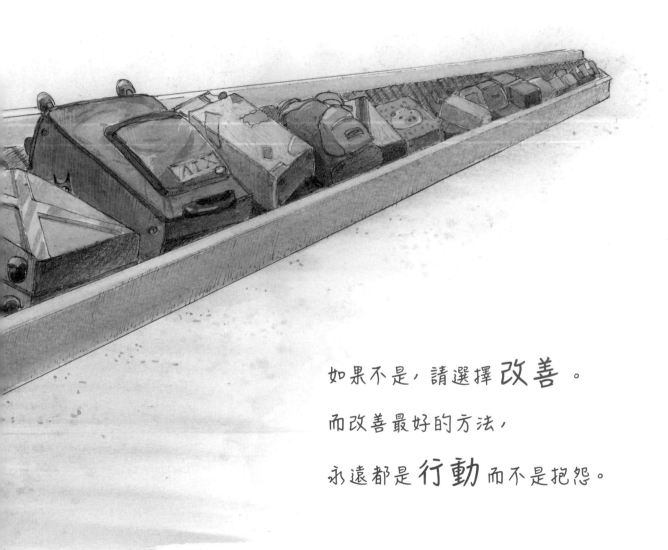

如果不是，請選擇 **改善** 。

而改善最好的方法，

永遠都是 **行動** 而不是抱怨。

人生不可能像玩遊戲一樣，

一個大絕招，

就能讓所有困難迎刃而解。

當你受困於低潮，

記得告訴自己：

有轉折的，才會是好故事。

所有現在過不去的，

日後都可能成為自己侃侃而談的往事。

覺得無力時，
記得：不是你不行，
只是你現在還不行。

猶豫要不要去做時，
記得：阻礙你前進的，
不是事情的難度，
而是我們對難度的想像。

期待日後的你可以笑著說：

很開心來到這裡，很開心一起走到這裡。

不知道你感覺如何？

但我很開心，

可以遇到你們。

你的話，傷到我了！

作　　者：黃光文
繪　　者：狗竹
主　　編：王衣卉
行銷主任：王綾翊
全書設計：兒日設計

總 編 輯　梁芳春
董 事 長　趙政岷
出 版 者　時報文化出版企業股份有限公司
　　　　　108019 臺北市和平西路 3 段 240 號

發行專線　(02) 2306-6842
讀者服務專線　0800-231-705・(02) 2304-7103
讀者服務傳真　(02) 2304-6858
郵撥　19344724　時報文化出版公司
信箱　10899 臺北華江橋郵局第 99 信箱
時報悅讀網　http://www.readingtimes.com.tw
電子郵件信箱　yoho@readingtimes.com.tw
法律顧問　理律法律事務所 陳長文律師、李念祖律師
印刷　華展印刷有限公司

定價　新臺幣 360 元
初版一刷　2024 年 6 月 7 日
初版三刷　2024 年 9 月 18 日

關於作者

黃光文

臺南家齊高中數學科老師，2021 年臺南市「SUPER 教師獎」高中職組首獎得主、2019 年遠見第二屆「未來教育臺灣 100」得主、2017 年親子天下第一屆「創新 100 領袖」得主，文章並散見於親子天下「翻轉教育」平臺專欄。

同學都暱稱他「光光老師」，最喜歡聽他「行銷數學」，所開設的多元選修課「魔術與桌遊」，便是用「魔術」當成數學的開場白，激發學生探索數學的動機，讓學生對數學感到好奇，不再畏懼數學。他最常做的，就是帶學生跳脫框架，練習懷疑那些本以為理所當然的事情，逐步建構多維思考，將「數學」潛移默化到學生的生活之中。

關於繪者

狗竹

喜歡用手繪圖文記錄生活的人。繪畫除了是一種視覺的表達，也是記錄感受的出口。創作有各式各樣的變化，就像通往不同路徑的大門。我們不需哪裡都去，只要找到剛好符合自己的風景，就是一種幸福。

Facebook 粉絲專頁：狗竹圖文
Instagram：et456456456

你的話，傷到我了！/黃光文作；狗竹繪. -- 初版. -- 臺北市：
時報文化出版企業股份有限公司, 2024.06
48面；19×21公分
ISBN 978-626-396-346-7(精裝)
1.CST: 說話藝術 2.CST: 人生哲學 3.CST: 通俗作品

192.32　　　　　　　　　　　　　　　113007392

ISBN 978-626-396-346-7
All rights reserved / Printed in Taiwan

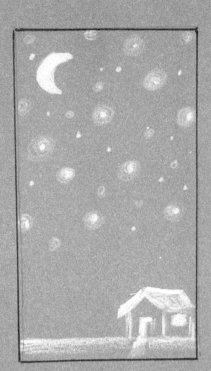